YPRES

En 1918, l'ancienne ville de Ieper – Ypres en français et en anglais – était en ruines. Quatre années de guerre avaient changé chaque bâtiment ou presque en un tas de décombres et un homme à cheval pouvait avoir une vue dégagée sur toute la ville. Mais les habitants revinrent, identifièrent l'emplacement de leur maison et des grands édifices publics et entreprirent une tâche harassante de reconstruction. Ypres, tel le Phénix, renaissait de ses cendres.

Pendant des siècles, les Flandres ont été un des champs de bataille stratégiques d'Europe; les sinistres batailles de la première guerre mondiale ne furent ni les premières ni les dernières. En 2 000 ans, nombreux et variés furent les maîtres des Flandres.

Historique

58–50 av.J.C.: Conquête de la Belgique par les Romains.

3e et 4e siècles ap. J.C.: Invasion des Flandres par les Francs.

9e siècle: Raids vikings sur les Flandres.

10e–13e siècles: Développement de villes-états semi-indépendantes.

1260: La population d'Ypres atteint 40 000 habitants. Par comparaison, Oxford, en Angleterre, en comptait alors 4 200.

1302: Instauration d'un gouvernement démocratique à Ypres.

1383: Siège d'Ypres par les troupes d'Angleterre et de Gand.

1384: Les Pays-Bas tombent au pouvoir des ducs de Bourgogne.

1477: La dynastie des Habsbourg prend le contrôle des Pays-Bas.

1555: Gouvernement espagnol en Flandre et aux Pays-Bas.

1579: Les Pays-Bas acquièrent leur indépendance; les Flandres restent espagnoles.

1701: Guerre de Succession d'Espagne. La France envahit les Flandres.

1713: Traité d'Utrecht: les Habsbourg reprennent les Flandres.

1740–1748: Guerre de Succession d'Autriche; la France occupe les Flandres.

1792: La France envahit puis, en 1801, annexe les Flandres.

1815–1830: Le royaume des Pays-Bas inclut la Belgique.

1831: La Belgique devient un royaume indépendant.

1914–1918: L'Allemagne occupe la Belgique, sauf le Saillant d'Ypres.

1940–1945: L'Allemagne occupe la Belgique.

CI-CONTRE: *Ypres vue de l'Est, dévastée après la première guerre mondiale. L'espace nu du Grote Markt (Place du Marché) est bien visible au centre avec, au-dessous, la Halle aux Draps et à gauche les ruines de la cathédrale. De nos jours, la Porte de Menin se dresse au milieu en haut de cette photo historique.*

CI-DESSUS: *Cette vue d'Ypres, exposée au Stedelijk Museum, date de 1567. Elle montre avec quelle fidélité a été respecté aujourd'hui le plan de la ville ancienne.*

A DROITE: *Comme il y a 700 ans, le Beffroi de la Halle aux Draps jaillit au-dessus des pignons à redents de la Halle aux Viandes.*

Le Grote Markt d'Ypres (Place du Marché) recrée la magnificence de ce grand centre de commerce du Moyen Age. Jouissant d'un accès à la mer par la rivière et le canal, le commerce de la laine entretenait le développement de la ville dont, dès le début du 12e siècle, la population atteignait 20 000 habitants. Dans les soixante années suivantes, elle monta à 40 000, plus qu'aujourd'hui.

Afin de disposer d'un centre commercial approprié et aussi d'en faire le symbole de sa puissance, la municipalité édifia l'imposante Lakenhalle (Halle aux Draps), assez impressionnante pour un œil moderne, mais qui constituait alors une stupéfiante prouesse architecturale. Baudouin IX, comte de Flandre et empereur de Constantinople, en posa la première pierre en 1200; il fallut 100 ans pour achever l'ouvrage. Au rez-de-chaussée se trouvent les grandes salles commerciales dont les arcs massifs soutiennent les magasins de stockage situés au-dessus. La Halle aux Draps abrite aujourd'hui l'In Flanders Fields Museum, qui conserve le souvenir de la Première Guerre mondiale, ainsi qu'une ravissante salle de concert. Le grand beffroi a 70 mètres de haut et les 49 cloches de son carillon sonnent les heures.

A l'extrémité Est de la Halle aux Draps se trouve le Nieuwerck (Hôtel de Ville) de style Renaissance. Il abrite aujourd'hui les bureaux du maire, des conseillers municipaux et du secrétaire de mairie. Sous l'arcade ménagée dans le mur lors de sa reconstruction, on peut voir des pierres gravées aux emblèmes des premiers propriétaires de l'édifice. Au-dessus de la fenêtre gothique figurent les armes de Philippe IV d'Espagne, qui régnait à l'époque de la construction de cette fenêtre.

L'emblème d'un roi espagnol rend compte des vicissitudes de l'histoire d'Ypres. Avec la France au Sud et les Pays-Bas au Nord, la ville était une proie tentante et une forteresse stratégique, à cette époque comme plus récemment. En 1383, pendant la Guerre de Cent ans, elle fut assiégée par les armées d'Angleterre et de Gand. Les faubourgs furent détruits mais, grâce aux prières faites à Notre-Dame de Thuyne, la ville elle-même tint bon et Notre-Dame de Thuyne en devint la sainte patronne. L'approvisionnement en laine, matière première de l'industrie du tissage, fut coupé par les hostilités et la ville déclina. Des émigrants d'Ypres partirent en Angleterre travailler pour les négociants en laine de l'Est-Anglie.

C'est surtout aux Français que l'on doit les fortifications de la ville. Les Bourguignons, dont le duché était alors indépendant de la France, fortifièrent la ville au 14e siècle: la Porte de Lille est leur ouvrage. Mais le dessin des fossés et canaux qui entourent Ypres, en forme d'étoile, est de Vauban.

CI-DESSUS:*Sur le toit de la Halle aux Draps, un bouffon tient un chat. Le Festival des chats a encore lieu tous les trois ans en mai.*

CI-CONTRE: *L'intérieur de la Halle aux Draps fait ressortir l'exploit des bâtisseurs du Moyen Age. Le hall royal met bien en vue les poutres massives de la charpente.*

CI-DESSUS: *Un immense vitrail domine le Raadsaal (Chambre du Conseil) dans la Halle aux Draps. Il représente les héros d'Ypres et de son histoire. Ici, le saint patron de la ville, St Martin, partage son manteau avec un mendiant.*

CI-DESSUS: *La route du front. Aujourd'hui, la Porte de Menin domine le paysage. Sur cette photo de 1917, on ne voit que quelques arbres hachés et des bâtiments en ruine.*

EN HAUT A DROITE: *Le mémorial de la 5ème Division australienne, édifié au-dessus de la butte de tir au fusil, dans Polygon Wood, théâtre d'une bataille désespérée à l'automne 1914.*

La région des Flandres est plate, au Nord d'Ypres et en direction de la mer et s'étend à travers des champs entrecoupés de canaux et de rivières. Mais au Sud s'élèvent les "montagnes" de Flandre qui, sans être impressionnantes avec leurs 150 mètres d'altitude, offrent une vue dominante sur les ports de la Manche dont elles sont la clé. A partir de ces collines court à l'Est une ligne de hauteurs vers Mesen (Messines), qui oblique ensuite au Nord en perdant régulièrement de l'altitude, mais constitue encore une caractéristique du paysage, comme on peut le voir en allant par la route de Zonnebeke à Passendale. Ypres se trouve au centre de ce saillant, coincée dans cette élévation de terrain.

Après la chute d'Anvers, le 9 octobre 1914, les troupes belges, la division britannique et la brigade française venues les seconder, se retirèrent sur la ligne Yser-Ypres.

Au Nord, à Langemark, les défenses britanniques étaient sommaires mais les troupes allemandes envoyées à l'attaque étaient mal équipées pour leur mission. C'était le Corps des Volontaires de Réserve, formé de jeunes étudiants recrutés depuis août seulement et n'ayant suivi qu'un entraînement rudimentaire d'à peine six semaines. Chantant des couplets à la gloire du Kaiser, ils avancèrent bras dessus bras dessous, exposés au feu bien dirigé de troupes entraînées. 1500 furent tués, 600 faits prisonniers.

Le Bois du Polygone, Polygon Wood, fut le théâtre d'une action qui décida du sort de la bataille. Les Allemands firent une percée à travers les fourrés, menaçant de couper les Britanniques de leur ligne avancée à Geluveld. Ceux-ci dépêchèrent de maigres réserves et même de la cavalerie démontée s'engagea dans cette pagaille. Il n'y avait pas de front, juste des groupes de Britanniques et d'Allemands marchant à l'aveuglette parmi les arbres sans rien voir et en tirant dans tous les sens. Le bois fut reconquis à la baïonnette, les Britanniques poussant des hourras en chargeant, surtout pour se faire reconnaître des leurs.

Au 31 octobre, les forces britanniques étaient réduites à un amas disparate d'unités complétées par des cuisiniers, des palefreniers et des auxiliaires d'intendance et l'armée allemande s'empara de Geluveld. Puis elle fut rejetée par une contre-attaque britannique désespérée, partie de Polygon Wood sous les ordres du brigadier-général Charles Fitzclarence, Victoria Cross, qui se

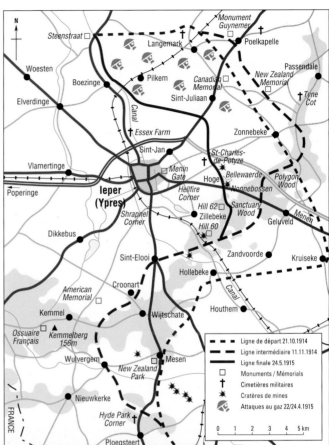

Legend on map:

- - - - Ligne de départ 21.10.1914
- - - - Ligne intermédiaire 11.11.1914
———— Ligne finale 24.5.1915
☐ Monuments / Mémoriaux
✝ Cimetières militaires
✳ Cratères de mines
Attaques au gaz 22/24.4.1915

0 1 2 3 4 5 km

rendit compte que seule une attaque pouvait sauver la situation.

Plus au Nord, la furie allemande s'attaqua à la crête de Mesen (Messines), où les troupes françaises et britanniques luttaient pour tenir la ligne de front. Les Allemands furent repoussés sur Wijtschate, mais leurs lignes ne cédèrent pas. C'est au cours de cette action qu'un caporal allemand reçut la Croix de fer pour avoir, sous le feu de l'ennemi, secouru un officier blessé: il s'agissait du caporal Adolf Hitler.

Les dix premiers jours de novembre ne donnèrent lieu qu'à peu de mouvements sur le terrain, mais le bombardement d'Ypres, incessant et quotidien, causa beaucoup de pertes civiles. Le 11 novembre, une nouvelle attaque massive fut encore lancée contre les lignes alliées, le long de la route de Messines et vers Polygon Wood et Nonnebosschen (le Bois de la Nonne). Le Polygone résista; Nonnebosschen tomba. Avec littéralement ses quelques centaines d'hommes, Fitz-clarence tint bon jusqu'à ce qu'une charge à la baïonnette eut chassé les Allemands hors du bois, rétabli le front et sauvé Ypres. Avec l'approche de l'hiver et les pluies incessantes, tout mouvement cessa et la première bataille d'Ypres s'éteignit tant bien que mal.

CI-DESSUS: *Plan général des lignes de front durant la première bataille d'Ypres et la deuxième.*

CI-CONTRE: *Juste au Nord de Langemark, de lourdes croix ornent le cimetière où reposent plus de 25 000 soldats allemands.*

Le 25 avril 1915, les Allemands lancèrent du gaz de chlore contre les troupes françaises qui tenaient l'extrémité Nord du Saillant, entre Steenstraat sur le canal et Poelkapelle. Pris par surprise, les régiments de réservistes, plus âgés, s'enfuirent, laissant ainsi à découvert le flanc gauche des Canadiens qui venaient d'arriver. Les Allemands avancèrent avec précaution et occupèrent la hauteur de Pilkem cette nuit-là. Le jour levé, l'avantage qu'ils s'étaient assuré était évident: ils auraient pu prendre Ypres.

Avec l'aide de réserves britanniques, les Canadiens montèrent une contre-attaque et réussirent à étirer leur ligne pour combler la brèche. Puis, le 24 avril, une seconde attaque au gaz fut lancée contre eux, entre St Juliaan et Passendale. Sans masques à gaz, les Canadiens en improvisèrent avec des mouchoirs mouillés et continuèrent à se battre. Une fois encore, ils tinrent leurs lignes. Les gains allemands au Nord avaient tellement déformé le Saillant que, le 2 mai, les Alliés se retirèrent sur des positions plus sûres, quoique plus proches d'Ypres.

CI-DESSUS: *Les troupes allemandes étaient bien équipées pour la guerre des gaz; les chevaux eux-mêmes avaient leur masque.*

CI-CONTRE: *Le cimetière francais, St Charles de Potyze. Chrétiens ou musulmans, tous firent le sacrifice de leur vie .*

A L'EXTREME DROITE: *A Poelkapelle est enterré le plus jeune soldat tué à Ypres.*

CI-CONTRE: *Le monument près de St Juliaan rappelle à la postérité l'héroïsme des troupes canadiennes.*

A L'EXTREME DROITE: *Le buste d'un soldat, tête penchée, couronne le monument canadien. Autour, les cèdres ont été taillés en forme d'obus.*

THIS·COLUMN·MARKS·THE BATTLEFIELD·WHERE·18,000 CANADIANS·ON·THE·BRITISH LEFT·WITHSTOOD·THE·FIRST GERMAN·GAS·ATTACKS·THE 22-24·APRIL·1915·2,000·FELL AND·LIE·BURIED·NEARBY

La colline 60

Bien que des batailles majeures aient jalonné l'histoire de la guerre autour d'Ypres, le secteur connut des combats incessants, avec des hauts et des bas. Pour la prise de la colline 60, ils n'arrêtèrent pas. Cette "colline" était en réalité un monticule provenant des déblais de construction de la voie ferrée voisine. Le 10 décembre 1914, les Allemands s'emparèrent de cette éminence de terrain d'où ils pouvaient voir tout ce qui entrait dans Ypres ou en sortait vers l'Est et le Sud. Pour reprendre la colline on creusa trois tunnels et fit sauter des mines sous les lignes allemandes le 17 avril 1915.

Les combats qui s'ensuivirent réduisirent le paysage à un désert de boue et de trous d'obus, jonché de cadavres; mais cette fois, les Britanniques l'emportèrent. En mai, les gaz furent employés à nouveau contre les défenseurs et la colline tomba aux mains des Allemands qui résistèrent à toutes les attaques jusqu'en juin 1917, où ils durent se replier. Une fois de plus, ils contre-attaquèrent et, pour la troisième fois, prirent la colline qu'ils perdirent définitivement en septembre 1918. Ce fut l'occasion d'une terrible guerre souterraine, à coups de sapes et de contre-sapes, où les hommes combattaient et mouraient dans l'obscurité boueuse.

CI-DESSUS, A GAUCHE ET A DROITE: *Le musée de Sanctuary Wood, près de la colline 62, maintient des tranchées dans l'état où elles se trouvaient à la fin de la guerre. On peut y voir des chariots, des armes, des munitions et même des ossements, mais aussi beaucoup de photos.*

Les Alliés eurent à affronter une double crise en 1917. Des mutineries dans l'armée francaise exigeaient de relâcher un peu la pression pendant que l'armée retrouvait le moral. En mer, les sous-marins allemands opéraient, pensait-on, à partir des ports belges et prélevaient un terrible tribut sur les transports britanniques. Une percée en Flandre pouvait constituer une solution au problème.

Depuis 1915, les Allemands avaient tenu les collines de Messines. Sous le commandement du général anglais Plumer, un énorme travail de sape, entrepris presque deux ans plus tôt, permit la pose de 24 mines. Les puits s'enfonçaient entre 15 et 40 mètres pour aller chercher les couches de terrain favorables à la percée de galeries. La plus longue atteignait presque 2 kilomètres.

La crête de Messines fut bombardée du 26 mai au 6 juin; le 7 juin, à 3h10 du matin, dix-neuf mines explosèrent. L'effet fut fracassant. Les troupes allemandes furent mises en alerte à Lille et l'onde de choc se fit sentir jusqu'à Londres. Le tir de barrage reprit et les défenseurs hébétés ne firent pas le poids devant les Néo-Zélandais et les Australiens. La crête tomba le 14 juin 1917.

Les opérations dans la partie Nord du Saillant ne furent pas aussi faciles. Elles visaient une localité qui reste synonyme des horreurs de la guerre: Passchendaele.

Depuis le village moderne de Passendale situé sur sa petite crête, l'importance de la différence d'altitude apparaît clairement ; les champs des environs, mal drainés, restent boueux encore aujourd'hui. Dès le 4 octobre, Zonnebeke au Sud et Poelkapelle au Nord étaient aux mains des Alliés. Le prix à payer avait été lourd. Le lieutenant Edwin Vaughan, âgé de dix-neuf ans seulement, regardait vers les lignes allemandes à Langemark le 17 août. Il vit ". . . un lugubre terrain vague fait de boue et d'eau, sans trace de civilisation, seulement des trous d'obus et de vagues buttes derrière les lignes allemandes. Et partout des cadavres, anglais et allemands, dans toutes les attitudes et à tous les stades de décomposition."

L'après-midi du 4 octobre, il commença à pleuvoir. Il plut un mois durant.

Le feld-maréchal Haig, commandant en chef, devait non seulement considérer la situation à Ypres, mais aussi la faiblesse de l'armée française, encore désorganisée, la défaite de l'armée italienne à Caporetto et la révolution bolchevique. Il fallait fixer les Allemands à Ypres.

Le 12 octobre, la bataille reprit. L'artillerie était enlisée à l'arrière, de sorte qu'il n'y eut pas de tir de barrage et que Néo-Zélandais et Australiens s'avancèrent vers des barbelés intacts de 27 mètres de profondeur et face au feu concentré des

CI-DESSUS ET CI-CONTRE: *Le cimetière de Tyne Cot, le plus grand cimetière au monde du Commonwealth. Il compte 11 956 tombes de soldats venus de nombreux pays. Les noms de 34 957 disparus sont gravés dans le mur incurvé derrière la croix.*

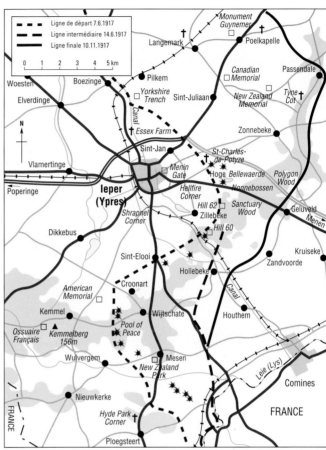

CI-DESSUS: *L'ennemi commun: la boue. L'impossibilité de déplacer les canons pour appuyer les attaques à Passendale causa de terribles pertes.*

CI-DESSUS A DROITE: *Carte indiquant les lignes de front successives au cours de la troisième bataille d'Ypres, ainsi que quelques cratères de mines.*

mitrailleuses allemandes. Durant les deux jours suivants, les pertes furent terrifiantes. Le 26 octobre, ce fut au tour des Canadiens de lutter pour progresser de 450 mètres et avancer une fois encore le 30. Ce ne fut que le 6 novembre que les derniers 450 mètres furent couverts et que la 2ème division canadienne et la 6ème brigade pénétrèrent dans un monceau de décombres: Passendale.

1918: La bataille de la Lys

En avril 1918, les Allemands lancèrent une attaque massive dans le Sud, entre Armentières et Béthune, à l'Est de la Lys (Leie). Le premier jour, ils avancèrent de plus de 5 kilomètres, repoussant les Britanniques et les Portugais. A la fin du mois, ils avaient chassé les Français du mont Kemmel et amené la ligne du front au Nord à Zillebeke et Pilkem. Mais là, ils étaient à bout de forces et leur avance s'arrêta.

1918: La quatrième bataille d'Ypres

La marée se retournait contre l'Allemagne. En mai, les premiers soldats américains débarquèrent en France sous les ordres du général Pershing. En Flandre, le dernier grand effort des Alliés se produisit en septembre. Le premier jour et sur le même terrain, les forces belges, françaises et britanniques avancèrent plus loin qu'elles ne l'avaient fait dans les quatre mois de la troisième bataille d'Ypres. L'élan était irrésistible. En fait, Britanniques et Français débordèrent leurs lignes d'approvisionnement et, pour la deuxième fois dans l'histoire militaire, des rations furent lancées d'avion.

Le 14 octobre, le dernier obus tombait sur Ypres. Deux jours après, les Britanniques occupèrent Menen. Les pertes des deux adversaires dans le saillant d'Ypres avaient dépassé 1 700 000 combattants et d'innombrables civils.

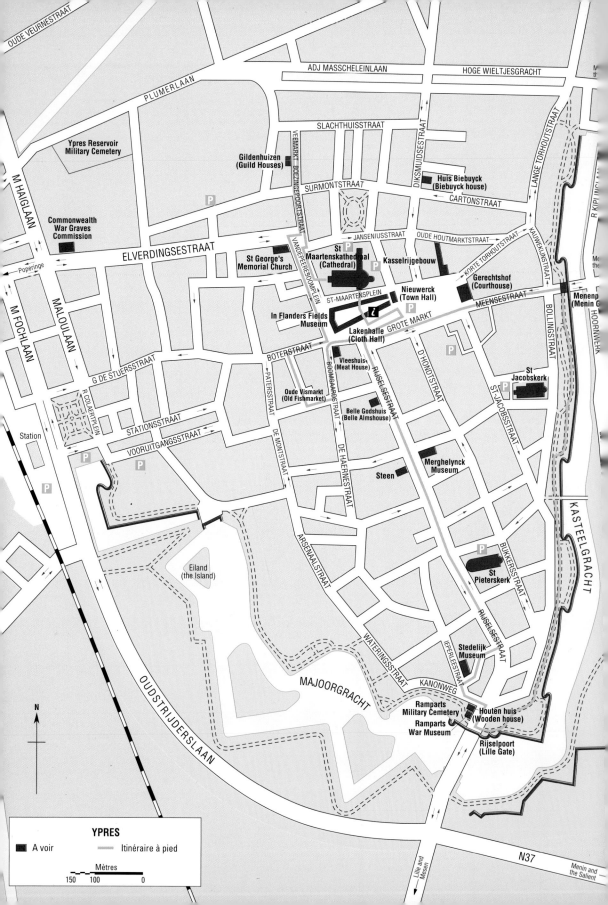

OUDE VEURNESTRAAT

PLUMERLAAN

ADJ MASSCHELEINLAAN

HOGE WIELTJESGRACHT

SLACHTHUISSTRAAT

R KIPLINGLAAN

LANGE TORHOUTSTRAAT

M HAIGLAAN

Ypres Reservoir
Military Cemetery

Gildenhuizen
(Guild Houses)

SURMONTSTRAAT

DIKSMUIDSESTRAAT

Huis Biebuyck
(Biebuyck house)

CARTONSTRAAT

VEEMARKT

BOEZINGEPOORTSTRAAT

Commonwealth
War Graves
Commission

ELVERDINGSESTRAAT

JANSENIUSSTRAAT

OUDE HOUTMARKTSTRAAT

KORTE TORHOUTSTRAAT

KAUWEKIJNSTRAAT

St George's
Memorial Church

St
Maartenskathedraal
(Cathedral)

VANDEPEERREBOOMPLEIN

P

Kasselrijgebouw

Gerechtshof
(Courthouse)

St-MAARTENSPLEIN

Nieuwerck
(Town Hall)

MEENSESTRAAT

Menenp
(Menin G

BOLLINGSTRAAT

HOORNWERK

In Flanders Fields
Museum

i

GROTE MARKT

Lakenhalle
(Cloth Hall)

BOTERSTRAAT

Vleeshuis
(Meat House)

PATERSSTRAAT

BOOMGAARDSTRAAT

RIJSELSESTRAAT

D HONDTSTRAAT

P

St
Jacobskerk

ST-JACOBSSTRAAT

Poperinge

M FOCHLAAN

MALOULAAN

G DE STUERSSTRAAT

Oude Vismarkt
(Old Fishmarket)

DE MONTSTRAAT

Belle Godshuis
(Belle Almshouse)

R COLAERTPLEIN

Station

STATIONSSTRAAT

VOORUITGANGSSTRAAT

P

P

P

DE HAERNESTRAAT

Steen

Merghelynck
Museum

Eiland
(the Island)

ARSENAALSTRAAT

P

St
Pieterskerk

BUKKERSSTRAAT

OUDSTRIJDERSLAAN

MAJOORGRACHT

WATERINGSSTRAAT

KANONWEG

RIJSELSESTRAAT

IPERLEESTRAAT

Stedelijk
Museum

KASTEELGRACHT

N

Ramparts
Military Cemetery

Ramparts
War Museum

Houten huis
(Wooden house)

Rijselpoort
(Lille Gate)

Lille and
Mesen

N37

Menin and
the Salient

YPRES

A voir   Itinéraire à pied

Mètres

150   100   0

Ypres

Stationnement: Le stationnement dans Grote Markt et à proximité est limité soit à une heure, soit à trois, entre 9h et 18h. Vérifiez les panneaux et achetez un ticket au parcmètre. On peut trouver des places de stationnement gratuites au Nord et à l'Ouest de la ville. Le samedi matin étant jour de marché sur le Grote Markt, il est interdit d'y stationner entre minuit et 13h.

La carte ci-contre propose un itinéraire pédestre. Pour plus d'informations, s'adresser à l'Office du tourisme dans la Halle aux Draps.

Le Saillant

Les conducteurs peuvent suivre les panneaux de la route In Flanders Fields et ainsi visiter les sites de la Première Guerre mondiale dans le Saillant d'Ypres. Au Sanctuary Wood, le musée présente des tranchées intactes datant de la fin de la guerre ainsi que des armes, des uniformes, des photos et une très belle collection de stéréogrammes en 3D. La Yorkshire Trench est une tranchée de communication britannique restaurée située de l'autre côté du canal, non loin du bunker servant de poste de secours, à l'Essex Farm Cemetery, où John McCrae servit en 1915 et où il puisa son inspiration afin d'écrire son célèbre poème « In Flanders Fields ».

Le paysage de la Côte 60 (Hill 60) n'a pas changé et est toujours formé par les déblais de la tranchée ferroviaire creusée avant la guerre. Ici la première mine de la guerre a probablement explosé. De l'autre côté de la tranchée, vous pourrez visiter le Caterpillar Crater. Le musée du Hooge Crater 14-18 possède une riche collection de reliques de guerre et de dioramas grandeur nature. Au bout de la route, vous pourrez visiter les cratères et les bunkers sur le terrain de l'hôtel Kasteelhof 't Hooghe.

Un système de tranchées allemand parfaitement préservé et plusieurs bunkers sont visibles au Bayernwald (ou Croonaert Wood, comme l'appellent les Britanniques) à Wijtschate, juste à l'extérieur de la ville d'Ypres. À Zonnebeke, le Memorial Museum Passchendaele 1917 se trouve non loin du Tyne Cot Cemetery et présente une excellente reconstitution d'un abri souterrain.

L'In Flanders Fields Museum

Dans ce musée, le visiteur est replongé dans le contexte de la Première Guerre mondiale. Par le biais de documentaires, de montages audio-visuels, d'expositions interactives ainsi que de nombreux documents d'époque, il découvre comment la petite ville d'Ypres fut dévastée, abandonnée en ruines et comment elle renaquit de ses cendres après la guerre.

La commission

Le bureau local de la commission des tombes militaires du Commonwealth se trouve au 82 Elverdingsestraat (*voir carte*) et vous pourrez y obtenir des informations sur les tombes. Fermé le week-end.

CI-DESSUS: *L'étang de la Paix à Spanbroekmolen, cratère de la plus grosse mine britannique. 41 000 kg d'ammonal explosèrent le 7 juin 1917.*

L'In Flanders Fields Museum, ouvert en 1998 dans la Halle aux Draps.

La Maison Talbot, Poperinge

A Poperinge, à dix kilomètres à l'Ouest d'Ypres, l'étroite Gasthuis-straat part de la place du marché. De décembre 1915 à la fin de la guerre, d'innombrables soldats de tous grades s'y rendirent, cherchant un refuge au N°43, Talbot House.

Le repos et la détente étaient vitaux pour les combattants. On décida d'ouvrir un club pour les troupes et le chapelain choisi pour le diriger fut Philip "Tubby" (= rondelet) Clayton. C'était l'homme de la situation. Il avait le don de mettre tout le monde à l'aise, chantait des chansons comiques et avait une façon bien à lui de calmer les comporte-ments inacceptables. Des écriteaux dans le genre "si vous crachez par terre chez vous, n'hésitez pas à en faire autant ici" obtenaient le résultat recherché!

EN HAUT A GAUCHE:
Philip "Tubby" ("rondelet") Clayton.

EN HAUT A DOITE:
Talbot House. Un accueil chrétien pour tous.

CI-DESSUS: *Dans les combles, une chapelle à l'échelle humaine. On ne se sent pas obligé d'y parler à voix basse.*

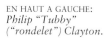

Dans la cantine, au rez-de-chaussée, un piano aidait les hommes à retrouver leur voix et, en haut, des pièces d'échiquier et des boules de billard leur faisaient oublier la stupeur de la guerre. La grange à houblon adjacente au jardin servait de salle de con-cert, où films, pièces de théâtre ou musique allégeaient chaque soir les souffrances de la journée. Dans le grenier, un ancien établi devint l'autel d'une chapelle paisible. Talbot House fut ainsi nommée en mémoire de Gilbert Talbot, tué en juillet 1915. Après la guerre, l'ambiance accueillante et chaleureuse de « Toc H », nom que les tommies avaient donné à la maison, donna naissance au mouvement mondial Toc-H.

CI-CONTRE: *Le plus célèbre des évêques d'Ypres, Cornelius Jansen, qui fut à l'origine de l'hérésie janséniste.*

CI-DESSOUS ET A DROITE: *La nef de la cathédrale, aujourd'hui et en 1915.*

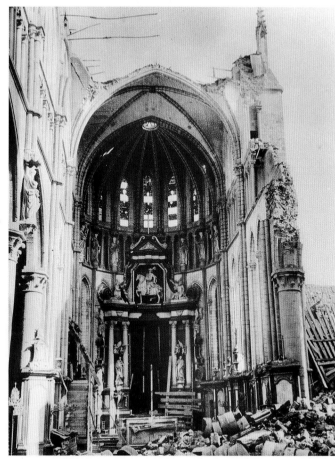

AU MILIEU A GAUCHE: *Dans St George, presque chaque objet provient d'une donation à la mémoire d'une personne ou d'un régiment.*

EN BAS A GAUCHE: *Dans le Veemarkt, les motifs d'inspiration maritime sur les maisons des corporations rappellent que ce fut un port. Après la couverture de la rivière, il devint marché au bétail; on y voit encore les barres d'attache des animaux.*

La flèche de la cathédrale St Martin atteint 100 mètres de haut et, avec le beffroi, donne de loin à Ypres sa silhouette caractéristique. Le grand édifice gothique fut commencé en 1221 sur les bords de la rivière que les bateaux chargés de laine d'Angleterre remontaient à la voile jusqu'à la Halle aux Draps.

Cornelius Jansen, plus connu sous le nom de Jansenius, fut consacré évêque d'Ypres en 1635. Dans son livre, l'Augustinus, il mit en avant les concepts de prédestination et de nécessité de la grâce divine pour obtenir le salut. Le livre fut publié deux ans après sa mort en 1638 et condamné par le pape. Malgré cela, ses idées furent reprises par le mouvement dit Jansénisme, particulièrement en France. Hérétique, Jansen n'eut pas droit à un monument dans sa propre cathédrale, mais l'endroit où on l'enterra plus tard est maintenant indiqué par une simple inscription sur le sol de la nef.

Un mémorial plus marquant, inauguré en 1973, est le nouveau tombeau du Lion des Flandres, surnom de Robert III de Béthune (1247–1322). Vingt-deuxième comte de Flandre, il mourut à Ypres après avoir passé une bonne partie de sa vie à défendre son pays contre la France.

Près de la cathédrale s'élève St George's Memorial Church. Sa construction résulta d'un appel lancé par le feld-maréchal Sir John French, premier comte d'Ypres, qui commandait la 1ère armée britannique en 1914. C'est une vivante commémoration de ceux qui combattirent ici en 1914. On peut y voir des inscriptions dédiées à Churchill et à Montgomery.

Depuis lors, la Flandre a été le théâtre d'une autre guerre. Les troupes de Grande-Bretagne et du Commonwealth, en retraite vers Dunkerque, et celles qui combattirent de nouveau à Ypres pendant la libération de septembre 1944, y sont aussi honorées.

La Porte de Menin

u Moyen Age, le côté Est d'Ypres était protégé par des fortifications que traversait la Porte Hangoart, ouverte sur la route de Menin. Mais en 1914, une simple ouverture dans les remparts amenait les soldats au Saillant.

Le monument aux officiers et soldats de Grande-Bretagne et du Commonwealth disparus dans le Saillant ne pouvait être mieux situé. L'imposante porte fut dessinée par Sir Reginald Blomfield et construite malgré de considérables difficultés d'ingénierie. Le 24 juillet 1927, le feld-maréchal Plumer l'inaugura en présence du roi des Belges.

Sur la Porte de Menin, panneau après panneau, sont gravés les noms des morts du Saillant dont on n'a pas retrouvé les tombes. On éprouve une émotion poignante sous la grande arche; la liste des noms semble sans fin: noms anglais, écossais, irlandais, cana-

EN HAUT A GAUCHE:
Le 11 novembre, des couronnes de coquelicots rendent hommage aux morts.

CI-DESSUS:
Un pensionné de guerre de Chelsea, portant l'uniforme des guerres de jadis.

CI-CONTRE: *Du haut de la Porte de Menin, le lion regarde vers les anciennes lignes de front.*

diens, néo-zélandais, noms de pays bien loin de l'Europe, d'Inde et d'Afrique. En montant l'escalier qui mène aux remparts, on découvre encore des panneaux. Pendant sa construction, on vit que le monument était trop petit pour contenir tous les noms: 54 896 officiers et soldats y sont mentionnés. Une autre liste de 34 957 morts, tués entre le 16 août 1917 et la fin de la guerre, est gravée sur les panneaux de Tyne Cot, situé sur les pentes en bas de Passendale.

La Porte de Menin n'est pas un monument muet, passant inaperçu la plus grande partie de l'année. Elle enjambe une des rues les plus animées de la ville, souvenir permanent du sacrifice. Une fois par jour, elle résonne d'un ardent hommage rendu par les habitants d'Ypres : à 20h, des clairons de la Last Post Association sonnent le "Last Post", la sonnerie aux morts.

CI-DESSUS:
Un vieux soldat en uniforme de la première guerre mondiale.

EN HAUT A DROITE:
Ils sont venus de pays lointains pour mourir dans le froid et la boue des Flandres.

A DROITE: *Vieux et jeunes, des touristes silencieux et immobiles écoutent la sonnerie du "Last Post".*

Siegfried Sassoon écrivit dans un sonnet amer:
"Qui donc se souviendra , passant sous cette Porte,
De tous ces morts sans gloire, qui chargeaient les canons?..."
Chaque soir sonne la réponse, chaque jour de l'année.

CI-DESSUS:
La Porte de Lille donne sur les eaux tranquilles du Majoorgracht.

CI-CONTRE: *Un sentier balisé, de 2,6 km, à côté des anciennes douves conduit les marcheurs le long des remparts les mieux conservés de Belgique. Vous trouverez au Stedelijk Museum (Musée municipal) une présentation audio-visuelle de l'histoire des remparts et de la ville d'Ypres.*

La ville médiévale prospère avait naturellement besoin de défenses solides. Les premiers remblais de terre furent bientôt remplacés par des fortifications en pierre comme on peut le voir sur l'illustration de la ville ancienne (p.2); elles servirent de base pour des additions et améliorations postérieures. Vauban fit exécuter des travaux considérables au 17ème siècle, sous le règne de Louis XIV. L'eau de l'Ieperlee approvisionna les fossés du pourtour et la rivière fut canalisée et voûtée. Elle coule encore sous la ville.

Parcourir le haut des remparts vers le Sud, en partant de la Porte de Menin, est maintenant prétexte à flâner au milieu d'un parc agréable. Au-dessus des pelouses se trouvent les anciennes caves voûtées et les casemates qui, jusqu'au début de la guerre en 1914, abritaient une boulangerie pour les militaires. Ces souterrains rendirent encore grand service lorsque la ville subit des bombardements durant la première guerre mondiale: on y installa un hôpital, le quartier général des transmissions et un cinéma. Le journal rédigé par les soldats pour exalter

leur moral, le *Wipers Times*, était imprimé et publié dans ces souterrains.

A l'extrême Sud de la ville se dressent encore les murs bourguignons d'origine, avec le Rijselsepoort, la Porte de Lille, qui gardait le passage vers la France. Des salles situées dans le bastion Est partit le signal pour faire exploser les mines géantes au début de la troisième bataille d'Ypres. Dans la tour opposée se trouve l'écluse qui régularise le cours de l'Ieperlee et maintient constant le niveau de l'eau dans le Majoorgracht, le canal principal qui sert de douves. Près de la porte à l'Ouest se trouve un des cimetières militaires implantés dans la ville.

Les remparts continuent à l'Ouest de la Porte de Lille; ils permettent de se rendre compte du plan des fortifications, caractéristique de Vauban. La rive opposée du canal suit la ligne de défense en zigzag; des îlots en demi-lune constituent des plateformes pour des positions d'artillerie prenant en enfilade d'éventuels attaquants.

Un peu plus tôt, en 1640, les Espagnols firent de "l'Ilot", à l'extrémité du canal, une position de défense. On y trouve aujourd'hui un restaurant et des aménagements pour le canotage.

CI-DESSUS: *La croix distinctive de la Commission des tombes militaires du Commonwealth monte la garde audessus du cimetière de la Porte de Lille.*

CI-CONTRE: *Des chemins paisibles, des emplacements de pêche, de canotage ou de promenade entre amis se sont substitués aux fonctions militaires des fossés.*

CI-DESSUS:
Avant la Grande Guerre, la Maison de bois était une demeure bien modeste.

EN HAUT A DROITE:
Une annexe de la Maison Talbot exista jusqu'en avril 1918.

AU MILIEU A DROITE:
La Halle aux Viandes, réservée aux marchands, fut construite sur la berge de la rivière en 1275; un second étage fut ajouté en 1530.

EN BAS A DROITE:
Le Stedelijk Museum (Musée municipal).

Immédiatement à l'intérieur de la Porte de Lille se trouve le quartier qui était le plus pauvre de la ville à la fin du 19e siècle; beaucoup de maisons en bois de l'ancienne Ypres y ont subsisté. Après les destructions de la guerre, l'une d'elles a été reconstruite au coin de Kanonweg et de Rijselsestraat.

A l'angle d'Ieperleestraat, l'hospice St Jean est devenu maintenant le Stedelijk Museum (musée municipal). Il contient une belle collection de gravures et de dessins illustrant l'histoire d'Ypres et également beaucoup d'intéressants tableaux, pastels et souvenirs.

La Rijselsestraat est l'une des principales rues de la ville, pourvue de nombreux magasins et d'un mélange de bâtiments modernes et d'anciens bâtiments reconstruits. La restauration d'anciennes maisons a été si bien menée qu'il est difficile de se rappeler qu'elles étaient toutes à l'état de ruine en 1918. On peut trouver quelques vestiges de bâtiments d'origine. En bas de la tour de

l'église St Pierre, deux pierres sculptées très érodées ont été découvertes; elles montrent des animaux mythiques et datent du Moyen Age.

La maison au numéro 70 est une copie exacte de l'une des maisons en pierre du 14e siècle. Presque en face, une élégante maison de ville, dont l'original fut bâti en 1774, est devenue le Merghelynck Museum.

Le Belle Museum occupe ce qui fut aussi un hospice. Cette institution pour l'assistance aux pauvres fut bâtie à la fin du 13e siècle, agrandie et reconstruite aux 16e et 17e siècles. Les objets exposés comprennent des tableaux, des vêtements sacerdotaux du 17e siècle, des statues, des sceaux de la ville et du mobilier.

Presque en face de l'extrémité Ouest de la Halle aux Draps se situe la Halle aux Viandes. Son austérité fonctionnelle, non dépourvue de beauté, évoque quelque chose du sens commercial des marchands de l'époque, car cet entrepôt se trouvait sur la berge de l'Ieperlee.

Se représenter Ypres comme un port demande un effort d'imagination, mais le transport par eau était vital pour la prospérité de la ville médiévale. Les bateaux allaient et venaient le long de la cathédrale et à travers le Veemarkt, mais avec le déclin

du commerce la rivière perdit de son importance et fut finalement recouverte en 1564.

Le Marché au poisson s'étend parallèlement à l'Ouest de Boomgaardstraat. L'entrée décorative sur Boterstraat est ornée d'un bas-relief de Neptune sur son char, entouré de créatures marines mythiques. A l'autre extrémité, on peut voir le pavillon de péage du droit de place et, dans l'intervalle, deux comptoirs de vente.

CI-DESSUS:
Le Merghelynck Museum. Le contenu de la maison fut déménagé avant le bombardement de la ville. La charmante restauration de ce bâtiment de style français, qui contraste si heureusement avec l'architecture flamande de l'environnement, donne une idée précise du style de vie des gens de bonne famille au 18e siècle.

CI-CONTRE:
Le pavillon du péage à l'extrémité Sud de l'ancien marché au poisson.

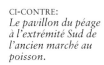

Le Grote Markt

CI-CONTRE: *Le Grote Markt, une des plus belles places d'Europe. Le Kasselrijgebouw, ancien Hôtel de Ville, domine le côté Nord.*

CI-DESSUS: *Médaillon représentant la luxure, l'un des sept qui dépeignent les péchés capitaux sur le Kasselrijgebouw.*

CI-DESSOUS: *On se délasse tout en tirant des plans.*

EN BAS A DROITE: *Le marché du samedi matin, aux fleurs éclatantes.*

Le Grote Markt – Grand Marché – est aujourd'hui le centre-ville, comme il le fut pendant presque huit cents ans. Il est dominé à l'Est par le Palais de Justice; au Nord, l'ancien Hôtel de Ville, le Kasselrijgebouw, exhibe ses nombreuses lucarnes et, sur sa façade, les représentations sculptées des sept péchés capitaux. Sur la place du marché abondent les cafés où l'on peut déguster une bière ou un café en regardant passer les gens, ou bien s'offrir un savoureux déjeuner belge.

De bonne heure le samedi matin, le Grote Markt est le théâtre d'une grande activité: les marchands ambulants s'installent pour la journée. Vendeurs de fromage et de fruits, de pain, de viande, d'habits, de fleurs et de biens d'équipement ménager font bruyamment l'article; les gens y viennent autant par curiosité que par besoin. Des marchés se sont tenus ici depuis des centaines d'années et un brin d'imagination fait du marché un spectacle qui défie les lois du temps.